VIE

DE

Mᴳʳ SIBOUR,

Archevêque de Paris,

PAR A. AUDEBERT.

———————

PARIS,

BERTIN, ÉDITEUR-LIERAIRE,

6, rue Saint-Sulpice.

VIE

DE

MGR SIBOUR,

Archevêque de Paris,

PAR A. AUDEBERT.

PARIS,

BERTIN, ÉDITEUR-LIBRAIRE,

6, rue Saint-Sulpice.

1857

(622) SAINT-CLOUD. — IMPRIMERIE DE Me Ve BELIN.

Aux âmes chrétiennes.

« J'étais sur un lac bien petit et bien paisible,
» on m'a forcé à venir sur une mer orageuse et
» j'y succomberai. »

(Paroles de Mgr Sibour quelques jours
avant sa mort.)

Pardonnez, Seigneur, par-
donnez à votre peuple, et ne
demeurez pas toujours irrité
contre nous !

Paris, 4 Janvier 1857.

Chaque·année, à pareille époque,
l'église de Saint-Etienne-du-Mont, si
pieusement bruyante, si remplie de
chants, de parfums et de lumières,
était aujourd'hui morne et silencieuse.
Viæ Sion lugent. Les attributs d'une
sainte allégresse avaient fait place à

des vêtements de deuil. Le portique et les entrées latérales du temple étaient tendus de draperies noires. Une affiche indiquait la cause de cette tristesse inaccoutumée. Un événement odieusement tragique avait souillé l'enceinte sacrée.

Hier, 3 janvier, à cinq heures du soir, à l'issue de la procession par laquelle on inaugure la neuvaine de la patronne de Paris, Mgr l'archevêque est tombé sous les coups d'un assassin. La nouvelle de ce monstrueux attentat a produit parmi la population parisienne une émotion profonde et douloureuse qu'ont ressentie encore plus vivement les classes pauvres dont le vénérable prélat avait particulièrement gagné les sympathies par son active et constante sollicitude.

Nous ne pouvons déposer sur la tombe de l'auguste victime, au milieu des larmes et des regrets de tous ceux dont il était le soutien et le consolateur, une couronne plus précieuse et plus impérissable que le récit de ses vertus, fleurs célestes dont le parfum embaume les âmes, bien que détachées de la tige qui les reliait à la terre.

Marie-Auguste-Dominique Sibour est né le 4 avril 1792, à Saint-Paul-Tricastin, département de la Drôme, petite ville située à quelques lieues de Grignan, illustré par le souvenir de madame de Sévigné. Issu d'une famille de négociants qui jouit dans le pays d'une considération méritée, il passa son enfance à Tout-Saint-Esprit (Gard), où son père, Alexandre-Aimé Sibour, était venu s'établir pour se livrer au commerce de soieries. C'est là qu'il fit ses premières études sous la conduite de l'abbé Ranc, prêtre recommandable, qui fut nommé recteur de l'Académie de Bruxelles, lors de la réorganisation universitaire. Cet ecclésiastique, versé dans la direction de la jeunesse, entoura d'une vigilance toute paternelle la plante précieuse dont la culture lui était confiée. Tout en développant l'esprit de son jeune élève avec l'habileté que donnent le talent et l'expérience, il déposa les premiers germes de vertu dans son cœur si bien disposé à les recevoir et à les féconder. Mgr Sibour

était une de ces natures heureuse-
ment douées. Aussi l'abbé Ranc vit
bientôt avec joie ses efforts aboutir aux
résultats qu'appelait sa sollicitude.
Mgr Sibour se distingua par son application au travail, par la précocité
de son intelligence, par la douceur
de son caractère et surtout par la fer-
veur de ses sentiments religieux.

Dès l'âge le plus tendre, il montra
beaucoup de penchant pour l'état ecclésiastique. Ses parents secondèrent
avec bonheur des inclinations con-
formes à leurs pieux désirs. Après
avoir terminé ses études classiques,
il entra au séminaire de Viviers, di-
rigé alors par M. Vernet, de la congré-
gation de Saint-Sulpice. Il n'y séjour-
na qu'une année. Il quitta cette mai-

son pour aller achever son cours de théologie au séminaire de Saint-Charles d'Avignon. Il eut là pour condisciple Mgr Menjaud, évêque de Nancy.

Il finit, à dix-huit ans, ses études théologiques. Toujours fidèle à sa vocation, il résolut d'employer utilement les années qui le séparaient de l'âge fixé pour la prêtrise. Donner à ses connaissances plus d'étendue et à ses talents tout le développement dont ils étaient susceptibles, acquérir cette expérience du monde si souvent négligée et néanmoins si nécessaire à ceux qui se chargent de la tâche délicate et difficile de guider les âmes, tel fut le but que se proposa Mgr Sibour en venant à Paris.

Recommandé par son ancien instituteur, le vénérable abbé Ranc, il reçut l'accueil le plus bienveillant du supérieur du séminaire de Saint-Nicolasdu-Chardonnet. Il accepta les offres d'hospitalité qui lui furent faites et suivit le plan d'études qu'il s'était tracé. Il assista régulièrement aux cours publics. Les chaires du haut enseignement étaient alors occupées par des professeurs d'élite, entre autres Andrieux, Lacretelle, Laya, Gay-Lussac. M. Sibour s'adonna plus particulièrement à l'étude des belles-lettres, pour lesquelles il se sentait plus d'aptitude et de goût. Le supérieur du petit séminaire de Saint-Nicolasdu-Chardonnet appréciant le mérite de Mgr Sibour, lui offrit la chaire de troisième, puis celle de seconde. Les devoirs de cet emploi n'empêchèrent point le jeune professeur de continuer ses visites au collége de France et à la Sorbonne.

Il se livra à la littérature avec une ardeur passionnée, et les divers ouvrages qu'il a publiés plus tard sont empreints de cette grâce naïve, de cette noble simplicité, de cette élégance facile dont il recueillit alors les pures traditions à l'école des grands maîtres.

On était en 1814!

Pour se soustraire peut-être au triste spectacle des humiliations nationales et en même temps pour puiser ces grandes inspirations religieuses qu'on ne trouve que dans la capitale du monde chrétien, Mgr Sibour résolut de voyager en Italie, et après un an de séjour à Rome, délivré des incertitudes qui flottent parfois sur les vocations les mieux décidées à l'heure des solennels engagements, il reçut tous les ordres sacrés à Saint-Jean-de-Latran.

Ordonné prêtre, Mgr Sibour ne s'appartenait plus. Il avait des devoirs à remplir.

Il revint à Paris. Il fut d'abord attaché à l'église Saint-Sulpice : ce, en qualité de prêtre administrateur ; puis il obtint le premier vicariat des Missions étrangères. Comme les laborieuses charges du ministère étaient incompatibles avec la délicatesse de sa santé, il accepta une place moins onéreuse, celle d'aumônier du collége Louis-le-Grand que lui offrit Mgr de Quelen. L'évêché de Nîmes venait d'être rétabli. M. de Chaffoy, qui occupait ce siége, voulait s'assurer la collaboration de Mgr Sibour ; il lui accorda le titre de chanoine. Afin d'utiliser les loisirs de cette nouvelle position, Mgr Sibour entreprit des travaux considérables. Il fit la traduction de la Somme de saint Thomas. Les études scientifiques auxquelles il se livra ne le détournèrent pas du but principal que doit se proposer le prêtre, l'annonce de l'Evangile.

Mgr Sibour s'adonna avec succès à la prédication. Sa parole onctueuse et fleurie, son esprit de conciliation et de tolérance firent une vive impres-

sion sur les populations qu'il évangé-
lisa. Le bruit de sa renommée vint à
Paris. Il y fut appelé pour prêcher la
station du carême aux Quinze-Vingts,
et le sermon de la Cène à la chapelle
des Tuileries.

A la mort de Mgr Chaffoy, en 1833,
il fut nommé vicaire général capitu-
laire.

Malgré sa collaboration courageuse
dans un journal dont la devise était :
Dieu et liberté (1), le siége de Digne,
devenu vacant, fut offert à Mgr Sibour.
L'ordonnance royale est du 30 septem-
bre 1839. La bulle de nomination pa-
rut le 25 janvier 1840, et la consécra-
tion se fit dans la métropole de Saint-
Sauveur d'Aix, le 25 février de la

(1) *L'Avenir.*

même année. Le prédécesseur de Mgr Sibour, Mgr Miollis, n'ayant au service de son zèle apostolique que des forces affaiblies par le travail et les infirmités de l'âge, n'avait pu obtenir toutes les améliorations que réclamaient les besoins de son diocèse. Mgr Sibour s'efforça d'achever l'œuvre incomplète que lui avait léguée Mgr Miollis. La réforme des abus, la mise en pratique d'inspirations utiles à son troupeau et à son clergé, préoccupèrent toute sa sollicitude. Il établit des retraites pastorales, organisa des missions, fit refleurir les études ecclésiastiques et en agrandit le cercle, noua avec ses prêtres des rapports affectueux, et, par son activité, son zèle, ses travaux, sa tolérance, il réussit à se concilier l'attachement, l'estime et la vénération de tous.

Mgr Sibour poursuivait sans bruit le cours de ses bonnes œuvres dans la solitude de ses montagnes, lorsque éclata cette guerre déplorable qui a ensanglanté la cité. La mort de Mgr Affre, frappé sur les barricades au moment où il allait offrir des paroles de conciliation à ses frères égarés, laissa vide le siége de Paris. Le gouvernement choisit le modeste évêque de Digne pour remplacer l'ange de paix emporté par la tempête. Dans ces circonstances orageuses où fermentaient encore des haines fratricides, malgré leur terrible explosion, il fallait un homme habile pour accomplir l'œuvre de réconciliation que Mgr

Affre avait glorieusement inaugurée par le sacrifice de sa vie. Une âme généreuse et pleine d'un dévouement sans bornes pouvait seule sympathiser à tant de malheurs et y porter remède. Que de désastres à réparer après une lutte aussi meurtrière ! Que de veuves et d'orphelins à secourir ! Mgr Sibour hésita d'abord devant un si lourd fardeau ; puis, fasciné, non par l'éclat d'une haute charge, mais par cette sorte de séduction que les hommes de dévouement trouvent dans la perspective des misères à soulager, des larmes à tarir, de l'immolation à subir pour le salut de leurs concitoyens, il se rendit aux vœux du gouvernement. Depuis son élévation à cette éminente dignité, Mgr Sibour a donné tous ses soins à la tâche immense qu'il avait acceptée. On l'a vu visiter les prisons, les hôpitaux, les écoles, les quartiers les plus pauvres, et partout des traits d'une touchante bienveillance ont marqué son passage; partout on lui manifeste les sympathies les plus vives et les plus respectueuses.

La population parisienne, affligée par tant de désastres, l'a accueilli comme un messager de paix destiné à guérir les blessures, hélas ! si nombreuses et si profondes de nos discordes civiles.

L'invasion du mystérieux et redoutable fléau qui a exercé parmi nous de si grands ravages, a fait connaître l'héroïsme du dévouement du prélat et les trésors de son inépuisable charité.

Nous mentionnerons ici une scène attendrissante qui se passa sous nos yeux dans ce même lieu où l'auguste prélat est tombé sous les coups d'un assassin.

Monseigneur avait voulu présider en personne aux prières adressées à l'antique patronne que le peuple de Paris entoure d'une vénération spéciale et qu'il a coutume d'invoquer dans les grandes calamités. Après la cérémonie, la multitude accourue au tombeau de sainte Geneviève fit cortége au vénérable prélat. Les visages attristés se déridèrent quand les fidèles virent leur premier pasteur au milieu d'eux. Ils se pressaient autour de lui comme pour se mettre à l'abri de la foudre prête à les frapper. Dans son religieux enthousiasme, la foule témoigna au pieux archevêque le désir de lui faire une espèce d'ovation et de l'accompagner jusqu'à son palais. Emu jusqu'aux larmes par cette manifestation sympathique, et toute spontanée, Mgr Sibour, malgré la fatigue des travaux que lui imposait l'épidémie, ne put résister au vœu des fidèles et fit à pied le trajet, adressant le long de la route, aux uns et aux autres, de sages conseils, des mots d'espérance ou de résignation. Mgr l'archevêque a pris sous sa protection les jeunes orphelins qu'a faits l'épidémie et a fondé, à l'exemple d'un de ses prédécesseurs, un établissement où leur sont prodigués les soins les plus affectueux. La mort de Monseigneur Sibour les rend deux fois orphelins.

Parmi les œuvres importantes et nombreuses qui honorent le digne prélat, nous signalerons celle de l'organisation de l'officialité de Paris. Cette institution n'est que l'application des larges principes émis dans les *Institutions diocésaines*, ouvrage remarquable où Mgr Sibour cherche à concilier les droits des évêques et la dignité des curés et des desservants. On doit encore à Mgr Sibour la fondation de la Fête des Ecoles, où chaque année, les sciences, les lettres et les arts sont conviés dans leurs jeunes représentants à venir reconnaître, aux pieds de la Religion, qu'ils ne sont qu'un rayonnement du phare éternel qui éclaire les mondes, qu'ils relèvent de l'Intelligence suprême, source féconde et intarissable de sagesse, de beauté, de lumière et d'harmonie.

Bon, affectueux, tolérant, mais d'une inflexible fermeté dans l'accomplissement rigoureux de ses devoirs lorsqu'il s'est agi des intérêts fondamentaux de la foi, Monseigneur l'archevêque de Paris n'a pas hésité à prendre l'initiative des mesures les plus sévères pour couper court aux erreurs dangereuses, aux tendances et aux entraînements préjudiciables d'un zèle irréfléchi. Appelé devant le tribunal du souverain pontife, Monseigneur Sibour s'est incliné devant la sentence du saint-siége avec une docilité respectueuse qui a donné la mesure de son attachement filial au chef de l'Eglise. Ses antagonistes les plus acharnés n'ont pu se défendre de rendre hommage à l'humble soumission dont il a donné un exemple si remarquable en cette circonstance.

En ce jour de néfaste mémoire où Mgr Sibour est tombé sous le couteau d'un forcené, le catholicisme a perdu un de ses soutiens les plus fermes, l'épiscopat français un de ses membres les plus honorables, le clergé de Paris un de ses guides les plus sûrs. Les pauvres, si nombreux en ce temps de misère générale, ne retrouveront pas un ami plus dévoué et plus sympathique à leurs souffrances.

Doux Jésus, donnez-lui le repos éternel !

PUBLICATIONS RELIGIEUSES,

MAISON BERTIN,

Rue Saint-Sulpice, n° 6, à Paris.

--✦--

LITHOGRAPHIES,—GRAVURES, — IMAGERIE,

Dentelles, Canons d'Autel,

CHEMINS DE LA CROIX, PEINTURES A L'HUILE,

[ARTICLES DE PIÉTÉ.

--✦--

Portrait de Mgr Sibour, lithographié.
— gravé.
— dentelles.

--✦--